TRAITÉ COMPLET

DU PIQUET.

TRAITÉ COMPLET

DU PIQUET

OU

Le Jeu de Piquet

enrichi

DE COMBINAISONS NOUVELLES, COMME MISÈRES,
CARTES OUVERTES, BLANCHES, PEINTES, ET AUTRES, QUI,
SANS ALTÉRER SON CARACTÈRE SPÉCIAL,
DONNENT A CE JEU TOUTE LA VARIÉTÉ DU BOSTON.

PAR L'AUTEUR

De l'Analyse nouvelle des Ouvertures du Jeu des Échecs.

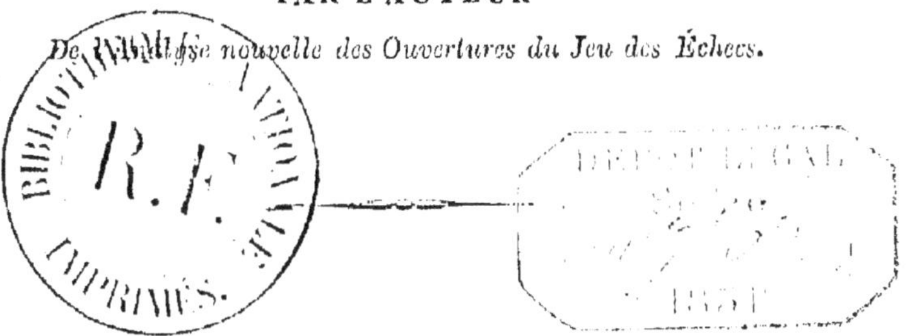

PARIS.

P. BARTHÈS ET Cie, ÉDITEURS,
5, RUE DE VERNEUIL.

—

1852.
1851

PRÉFACE.

L'illustre Leibnitz observe dans un de ses mémoires, que les différents principes sur lesquels reposent les jeux de combinaison, forment un sujet très-digne de la méditation des hommes de science, vu que l'esprit humain

1.

s'est montré particulièrement ingénieux dans les délassements qu'il s'est créés. Cette pensée du grand philosophe, exprimée il y a plus d'un siècle, s'est abondamment vérifiée dans le développement extraordinaire qu'a pris de nos jours la théorie du jeu des échecs. Après avoir analysé ce dernier du point de vue indiqué, dans un ouvrage qui a obtenu l'approbation des connaisseurs, l'auteur de la présente brochure s'est livré à un travail analogue sur l'ancien et noble jeu de Piquet, le plus *mathématique* de tous les jeux de cartes. Ce travail, qui n'avait reçu d'abord qu'une publicité restreinte dans la revue mensuelle *le Palamède de* 1847, est reproduit ici avec les corrections nécessaires.

Adversaire prononcé de toutes innovations inutiles, l'auteur serait désolé si *l'extension* du Piquet ordinaire, annoncée dans le titre, était comprise par quelques lecteurs comme une *altération* essentielle, ou comme l'abandon des principes fondamentaux du Piquet. Une lecture un peu attentive de ce petit ouvrage fera voir au contraire, que le supplément aux anciennes règles qui y est proposé, découle si naturellement des habitudes et des besoins d'un joueur de notre siècle, qu'il y a lieu d'être surpris que le Piquet n'ait pas été depuis longtemps joué de cette manière. De nombreux essais pratiques ont démontré à l'auteur l'immense intérêt que présente *le Piquet perfectionné*, et la facilité avec laquelle un amateur peut s'y habituer. Même les partisans trop scrupuleux de l'ancienne routine pourront lire avec fruit le livre actuel; car, en omettant tout ce qui se rapporte aux misères, aux hasards qui comptent avant le point, etc., ils y trouveront encore un traité complet du Piquet ordinaire, avec des conseils pour le bien jouer.

Quant aux misères en particulier, on sait que le principe de ces combinaisons, le plus ingénieux de tous ceux introduits dans les jeux de cartes modernes, répugne à la tournure d'esprit de certains joueurs. Or, on verra dans le présent opuscule que les *misères* forment, avec les pics et les capots *forcés*, une espèce de hors-d'œuvre au Piquet perfectionné, que rien n'empêche d'exclure conven-

tionnellement avant de se mettre au jeu, sans
que le reste de son code ait à subir pour cela
aucune modification.

TRAITÉ COMPLET DU PIQUET.

Du nombre des joueurs ; des cartes employées au jeu ; de la donne.

Ce jeu ne se joue qu'entre *deux* personnes ; cependant trois ou quatre peuvent y prendre part, en alternant successivement deux à deux. Par exemple, s'il y a *trois* joueurs, le premier jouera d'abord avec le second, puis le second avec le troisième, puis le troisième avec le premier ; après quoi le premier reprendra son jeu avec le second , et ainsi de suite.

S'il y a *quatre* personnes, la première pourra jouer avec la seconde, tandis que la troisième jouera avec la quatrième ; ces deux jeux achevés, la seconde personne jouera avec la troisième , tandis que la première jouera avec la quatrième ; après quoi on pourra aussi faire *partie croisée,* le premier joueur avec le troisième et, en même temps, le second avec le quatrième. Le premier recommencera ensuite sa partie avec le second, et le troisième avec le quatrième, etc.

Les règles du Piquet ne portent toujours, par conséquent, que sur la partie entre *deux* personnes.

Les cartes employées à ce jeu sont les cartes de Piquet ordinaires , divisées en *quatre* couleurs, de *huit* cartes chacune, dont voici l'ordre de grandeur :

L'As, le Roi, la Dame, le Valet, le Dix, le Neuf, le Huit et le Sept.

L'As est la carte la plus haute et le Sept la plus basse. Il n'y a point d'atout à ce jeu.

On commence par décider la donne en tirant à la

plus basse carte. Puis le donneur, après avoir mêlé et avoir fait couper les cartes par son adversaire, les distribue *deux à deux* ou *trois à trois* (mais jamais une à une ou quatre à quatre), jusqu'à ce que chacun en ait *douze*. Des *huit* restantes qui forment le talon, les *cinq* premières sont pour l'écart régulier du premier joueur, et les *trois* dernières pour celui du donneur.

De l'écart.

Le joueur qui *a la main* (l'adversaire du donneur) procède ensuite à son écart en mettant de côté cinq, quatre, trois, deux ou une carte, et en les remplaçant par autant de cartes prises au talon dans leur ordre naturel. Il ne peut jamais les prendre que dans cet ordre, ni les regarder avant l'écart; s'il en prend moins de cinq, il a le droit de regarder celles qu'il laisse, mais jamais les trois dernières destinées à l'écart du donneur.

Le premier joueur ayant achevé son écart, le donneur procède au sien de la même manière ; il est libre de mettre de côté autant de cartes qu'il en reste au talon, et de les remplacer par celles-ci (qu'il ne peut pas regarder *avant l'écart*) dans leur ordre de placement, c'est-à-dire en commençant par celles que lui a laissées son adversaire. Il peut aussi en écarter moins et regarder toutes celles qu'il laisse et qu'il joint alors à celles qu'il a écartées, sans que le premier joueur ait le droit de les regarder.

Chacun des joueurs a, jusqu'à la fin du jeu, le droit d'examiner et de consulter les cartes qu'il a mises de côté.

Chacun des joueurs a aussi le droit de ne pas écarter du tout, ce qu'il annonce en disant : « Sans écart. » Il va sans dire qu'il peut alors regarder toutes les cartes qu'il laisse, savoir : le premier joueur les cinq premières, le dernier tout ce qui reste au talon après l'écart du premier joueur.

Celui qui *a la main*, ayant joué sans écart, ajoute, à la fin du jeu, au nombre total qu'il a compté, la moitié de ce nombre, tandis que son adversaire compte comme à l'ordinaire, à moins qu'il n'ait également joué sans écart.

Si c'est le donneur qui a joué sans écart, il n'a droit à la prime de la moitié de son nombre total définitif que si le premier joueur a écarté *moins de cinq cartes,* c'est-à-dire quatre au plus, trois, deux, une ou rien du tout. (Nous verrons plus bas la manière dont sont formés ces nombres totaux définitifs.) Il peut donc arriver que les deux joueurs ayant joué sans écart, comptent chacun la prime susmentionnée.

Note 4. L'ancienne règle, qui impose l'obligation d'écarter pour le moins *une* carte, est évidemment défectueuse et arbitraire ; il faut une prime d'encouragement à celui qui, *jouant sans écart avec ce qu'il a en main,* renonce à recruter ses forces *de la moitié du talon ou plus,* de quatre, de cinq ou d'un plus grand nombre de cartes. Mais il serait injuste d'accorder une semblable prime au donneur si, son adversaire lui ayant laissé *moins de la moitié du talon,* l'abnégation du dernier joueur (qui ne renoncerait plus qu'à l'écart de *trois* cartes) se trouvait réduite à une trop petite échelle et devait être, par conséquent, regardée comme insuffisante. —

Il arrive quelquefois que le premier joueur éprouve le besoin d'écarter *plus de cinq* cartes ; il peut alors, après avoir bien médité le nombre précis des cartes qu'il lui faut, s'adresser à son adversaire en lui demandant de pouvoir écarter ce nombre de cartes *exactement spécifié* (6 ou 7 ou 8), et cela *avant d'avoir touché à aucune des cinq cartes du talon qui lui appartiennent proprement.* Le donneur, après avoir examiné son jeu, répond . « Je ne puis pas vous les donner, » ou bien : « Je vous en donne 6 ou 7 ou 8 », à volonté. Le second joueur n'ayant pas permis l'écart de plus de cinq cartes, les choses restent sur le pied ordinaire, et son adversaire ne peut écarter que cinq au plus ; mais en cas de consentement du second joueur à la demande susmentionnée, le premier est *nécessairement obligé de prendre le nombre de cartes, 6 ou 7 ou 8, que le donneur a consenti à lui laisser acquérir,* en remplacement d'un nombre

égal de cartes que le premier joueur sera tenu d'écarter préalablement. Ce nombre fixé par le donneur
sera *égal* ou *moindre* que celui demandé par son an-
tagoniste ; mais en cas qu'il plaise au donneur de lui
en accorder davantage, il ne pourra plus revenir sur
sa détermination, sans que le premier joueur soit
obligé pour cela d'écarter un *plus grand* nombre que
celui demandé par lui. Avant de lui laisser prendre,
dans leur ordre naturel, la sixième carte, ou la
sixième et septième, ou les trois dernières cartes du
talon (selon ce qui a été consenti), le donneur a le
droit de les regarder, tandis que le premier joueur n'a
point le droit de regarder celles que son adversaire
s'est réservées pour lui-même, et que ce dernier est
libre alors de prendre (en écartant) ou non, à sa guise.

La conséquence attachée à l'écart de plus de cinq
cartes de la part du premier joueur, que ce soient
d'ailleurs 6 ou 7 ou toutes les 8, est que le donneur,
en y consentant, acquiert la faculté de compter, dans
ce cas, toujours *une fois et demie* autant qu'il aurait
compté si l'écart avait été régulier des deux côtés,

2.

tandis que le premier joueur ne comptera que comme
à l'ordinaire.

Note 2. L'écart de plus de cinq cartes ne se présente que très-rarement, vu qu'il est habituellement
désavantageux pour le donneur de l'accorder ; on
pourrait donc, si l'on voulait, convenir, avant de se
mettre au jeu, de ne point autoriser ces écarts
extraordinaires. Il nous semble cependant évident,
que l'admission de la plus grande latitude dans l'écart
ne peut servir qu'à augmenter la diversité et l'intérêt
des combinaisons du Piquet, sans exercer sur elles
aucune influence gênante ou fâcheuse.

Des avantages ou hasards propres au piquet.

L'écart achevé des deux côtés conformément aux
règles que nous venons de prescrire, les joueurs, en
commençant par celui qui a la main, annoncent,
chacun à son tour, *les avantages* qu'ils ont obtenus
par l'écart, dont nous allons donner la classification

détaillée, et dont *aucun ne saurait compter avant l'achèvement de l'écart.*

Note 3. Dans l'ancien Piquet, *les cartes blanches,* obtenues d'emblée, comptaient 10 points *avant l'écart.* Cette anomalie n'est nullement nécessaire dans le Piquet perfectionné où l'on peut ne pas écarter du tout, et augmenter même ainsi l'avantage de ces cartes blanches venues avant l'écart. —

Tous les *avantages* ou *hasards* qu'on peut faire valoir au Piquet perfectionné, sont divisibles en *deux* classes principales :

1. Les avantages indépendants des levées que l'un ou l'autre des joueurs pourrait faire.

2. Les avantages qui ne s'acquièrent que par les levées ou qui en dépendent plus ou moins.

La première classe a, en outre, deux subdivisions :

A. Les avantages qui comptent avant *le point* et qui sont : *les cartes blanches, les cartes peintes, les cartes blanches basses* ou simplement *cartes basses, les cartes-trois* et *les cartes-tierces,*

B. *Le point* et ce qui compte après lui, savoir :

les séquences, les quatorze et trois, le repic et les cartes ouvertes.

Nous commencerons par expliquer la seconde subdivision de la première classe, absolument nécessaire à l'intelligence de tout ce qui va suivre ; nous procéderons ensuite à la définition des avantages qui dépendent des levées, et ce ne sera qu'en dernier lieu que l'ordre des matières nous permettra de traiter des hasards qui comptent avant le point.

Du point.

On appelle *point* le nombre de cartes qu'on a d'une même couleur, et qui, par conséquent, ne peut ni dépasser 8, ni être au-dessous de 3 (*car on ne compte pas au Piquet des points de 2, de 1 ou de 0*). Il est naturel d'annoncer le point dans la couleur où il est le plus fort ; on n'y est pas obligé, cependant, vu qu'il est de règle générale au Piquet qu'*on ne peut accuser plus que l'on a, mais qu'on est toujours libre d'an-*

noncer moins; toutefois, le premier joueur *est tenu d'annoncer un point quelconque, supérieur à 2, sans nommer d'abord sa couleur.* Si l'adversaire n'en a pas ou n'en veut pas annoncer un égal ou supérieur, il doit répondre que le point *est bon;* s'il en a un supérieur, il dit qu'*il ne vaut pas* et accuse le sien. Si le second joueur annonce un point *égal,* le premier accuse la somme des points de cartes qui composent le sien; dans ce calcul, l'As est compté *onze,* le Roi, la Dame et le Valet *dix,* et les autres cartes *la valeur naturelle de leurs points.* Si la somme correspondante au point de l'adversaire est moindre, il dit que le point *est bon;* si elle est supérieure, il dit qu'*il ne vaut pas.* Si les sommes sont égales, il ne compte ni à l'un ni à l'autre joueur; mais les points doivent être alors tous deux étalés sur le tapis pour l'entière sûreté des deux joueurs.

Dans le cas que le point de l'un des joueurs l'emporte sur celui de l'autre, soit par le nombre des cartes, soit par la somme des points qui leur correspond (*la couleur* n'est jamais ici prise en considération), le point *déclaré bon* doit être étalé sur le tapis, et compte à son possesseur le nombre des cartes qu'il renferme, savoir : de 3 à 8. L'exhibition du point inférieur qui ne compte pas ne saurait être exigée.

Note 4. Quelques personnes jouant au piquet procèdent à la déclaration d'un second, troisième ou quatrième point, dans le cas où les premiers points se trouvent être égaux. C'est un abus qui ne saurait être toléré, on ne peut avoir *qu'un seul point;* d'ailleurs, la pratique contraire dévoilerait beaucoup trop le jeu.

Des séquences.

Le calcul du point étant réglé, le premier joueur procède à la déclaration de ses *séquences.* On appelle *séquence* un certain nombre de cartes de même couleur qui se suivent immédiatement dans l'ordre de grandeur (*voyez page 12*), pourvu que ce nombre ne soit pas moins que *trois.* Par exemple : As, Roi, Dame, Valet, Dix; Dame, Valet, Dix, Neuf, Huit, Sept;

Neuf, Huit, Sept; etc. Les séquences peuvent être ainsi : *tierces, quatrièmes, quintes, sixièmes, septièmes* ou *huitièmes*, selon qu'elles sont composées respectivement de *trois, quatre, cinq, six, sept* ou *huit* cartes consécutives. Toute séquence tire son nom et son rang de sa carte supérieure, de sorte qu'on distingue des séquences du *Neuf*, du *Dix*, du *Valet*, de la *Dame*, du *Roi* et de l'*As*, dont les dernières portent ordinairement le nom de séquences *majeures*, et les séquences inférieures à toutes les autres du même nombre de cartes, celui de séquences *basses*. Il y a, par conséquent, des *tierces* : majeures, du Roi, de la Dame, du Valet, du Dix et du Neuf ou basses ; des *quatrièmes* : majeures, du Roi, de la Dame, du Valet et du Dix ou basses ; des *quintes* : majeures, du Roi, de la Dame et du Valet ou basses ; des *sixièmes* : majeures, du Roi et de la Dame ou basses ; des *septièmes* : majeures et du Roi ou basses ; enfin, des *huitièmes* qui ne sont, à proprement parler, ni majeures ni basses.

Il faut observer que la moindre des *quatrièmes* est

regardée comme *supérieure* à la plus haute *tierce;* la moindre *quinte* comme *supérieure* à la plus haute *quatrième;* la moindre *sixième* comme supérieure à la plus haute *quinte;* la moindre *septième* comme *supérieure* à la plus haute *sixième;* qu'enfin la *huitième* l'emporte sur toute *autre séquence.* Entre séquences du même nombre de cartes, la séquence *majeure* est *supérieure* à toutes celles du Roi, de la Dame, du Valet, du Dix et du Neuf; la séquence du *Roi* à toutes celles de la Dame, du Valet, du Dix et du Neuf; la séquence de la *Dame* à toutes celles du Valet, du Dix et du Neuf; la séquence du *Valet* à toutes celles du Dix et du Neuf; enfin la séquence du *Dix* à toutes celles du Neuf. La différence des couleurs n'est pour rien dans cette classification.

La hiérarchie des séquences par ordre et par rang une fois bien établie, revenons aux règles du jeu.

Après que le *point* se trouve donc compté et réglé, le premier joueur annonce sa séquence la plus haute, quant au *nombre* des cartes, ou celle qu'il veut déclarer (car il est libre aussi de n'en déclarer aucune, même s'il en a ; seulement il ne peut plus alors les compter après l'exhibition de celles de son adversaire). Si le second joueur n'en a ou n'en veut accuser aucune supérieure, il *la déclare bonne;* si, au contraire, il en a une supérieure par le nombre des cartes, de quelque couleur qu'elle soit d'ailleurs, il peut dire que la séquence du premier joueur *ne vaut pas,* et exhiber aussitôt la sienne. Si la plus haute séquence du second joueur se trouve être égale, quant au *nombre* des cartes, à celle annoncée par le premier, celui-ci devra accuser *le rang* de sa séquence (à moins que, par exception, il ne juge convenable de céder la séquence à son adversaire en la *déclarant bonne*), c'est-à-dire il annoncera si elle commence par un As, ou un Roi, ou une Dame, etc. Le donneur devra alors déjà ou la *déclarer bonne,* ou la détruire par l'exhibition d'une séquence supérieure en rang. Si les plus hautes séquences se trouvent être égales des deux côtés, tant en nombre de cartes qu'en rang elles devront être *exhibées toutes deux* et ne compteront à personne ; celui qui a la main accusera alors, do la même manière, sa séquence immédiatement inférieure, que son adversaire déclarera bonne, ou repoussera par l'annonce d'une seconde séquence supérieure en nombre de cartes ou en rang. Si les secondes séquences sont encore *égales* en espèce et en rang, on les *exhibe* et on procède à l'annonce des troisièmes, et ainsi de suite, *jusqu'à ce que l'un des joueurs l'emporte, ou que toutes les séquences se détruisent mutuellement.*

Celui des joueurs qui, par suite de la comparaison que nous venons de décrire, se trouvera avoir la plus haute séquence, *ou absolue, ou venant après les séquences supérieures qui se sont détruites comme égales,* fait passer à sa faveur et *compte, en outre, toutes ses séquences inférieures,* tandis que les séquences inférieures de l'autre joueur ne comptent pas du tout, même si elles égalaient ou surpassaient les séquences inférieures de l'adversaire. Ainsi, du moment où ladite séquence *supérieure* (ou *devenue supérieure* à cause de la destruction mutuelle des séquences antécédentes) de l'un des joueurs l'emporte sur celle de l'autre par le nombre des cartes ou par son rang, ou est simplement *déclarée bonne*, il l'exhibe, la compte, et exhibe et compte de même *toutes* ses séquences inférieures ou celles qu'il veut produire, sans que l'autre joueur puisse y faire , dès lors, aucune opposition. Il résulte de là que *toutes les séquences qui comptent* appartiennent au même joueur, et jamais en partie à l'un , en partie à l'autre joueur. En cas de destruction mutuelle de toutes les séquences, aucune ne compte à personne.

Note 5. Quelques joueurs de Piquet ont l'habitude de ne plus compter les séquences *d'aucun côté*, dès que les séquences les plus hautes se sont entro-détruites comme égales. C'est une erreur, la destruction mutuelle des plus hautes séquences n'empêche nullement de comparer entre elles, de la même manière, les secondes, puis, s'il y a lieu, les troisièmes, enfin, en cas de besoin, même les quatrièmes séquences. En aucun cas, seulement, *on ne saurait compter, ni d'un côté, ni de l'autre, les séquences supérieures* (premières, secondes, troisièmes ou quatrièmes), *égales tant en nombre de cartes qu'en rang.* —

Toutes les séquences *qui comptent* doivent être préalablement étalées sur le tapis. L'exhibition des séquences *inférieures et détruites* ne peut jamais être exigée.

Si le premier joueur déclare, dès l'abord, n'accuser aucune séquence, le second joueur exhibe et compte immédiatement toutes celles qu'il veut annoncer.

Le calcul des séquences *déclarées et reconnues bonnes* est le suivant : toute tierce vaut 3, toute quatrième 4, toute quinte 15, toute sixième (appelée aussi *seizième*) 16, toute septième (ou *dix-septième*) 17, enfin, toute huitième (ou *dix-huitième*) 18, quelle que soit d'ailleurs la carte supérieure ou le rang de ces séquences. De là la grande importance de s'élever, en fait de séquences, au-dessus de la *quatrième.*

Des quatorze et trois.

Les séquences se trouvant réglées, les joueurs, en commençant par celui qui a la main, annoncent leurs *quatorze* et leurs *trois*. On appelle *quatorze* les quatre As, les quatre Rois, les quatre Dames, les quatre Valets et les quatre Dix, parce que ces avantages, *s'ils sont déclarés bons*, comptent chacun 14, tandis que les *trois*, qui sont trois As, trois Rois, trois Dames, trois Valets et trois Dix, *s'ils sont reconnus bons*, ne comptent que 3.

Celui qui a la main ayant accusé son quatorze le plus élevé, ou, à défaut de quatorze, son plus haut trois, son adversaire le déclare bon ou le détruit par l'annonce d'un quatorze ou trois supérieur. Le moindre quatorze, celui des Dix, détruit le trois le plus élevé ; le quatorze des Valets l'emporte sur celui des Dix ; le quatorze des Dames sur celui des Valets ; celui des Rois sur celui des Dames ; enfin les quatorze As détruisent tous les autres. Même règle pour les trois comparés entre eux.

Le joueur qui a le quatorze le plus élevé, ou, à défaut de quatorze des deux côtés, le trois le plus élevé, fait passer à sa faveur et compte en outré tous ses quatorze et trois inférieurs, tandis que son adversaire ne compte aucun quatorze, ni trois, même si ses quatorze et trois inférieurs étaient plus beaux que ceux de l'autre joueur. On conçoit, d'ailleurs, qu'il ne peut subsister ici, comme pour les séquences, d'égalité entre les quatorze ou trois supérieurs, et que les quatorze ou trois *qui comptent,* doivent être ou tous d'un côté, ou d'aucun.

Les quatre ou trois *Neuf, Huit* et *Sept* ne comptent rien, *dans aucun cas.*

Il va sans dire que chacun des joueurs est libre, comme pour les séquences, de ne pas déclarer *tous* ses quatorze ou trois (ou de ne déclarer qu'un trois quand il a un quatorze, par exemple, trois Rois quand il en a quatre), ou de ne pas les compter du tout, en disant : *Point de séquence, point de quatorze ou trois;*

mais il ne peut plus alors revenir sur sa détermination quand une fois l'autre joueur aura compté ses quatorze ou trois.

Comme le point et les séquences, les quatorze et trois *déclarés bons*, doivent, avant de compter, être étalés sur le tapis.

Chacun des joueurs est alors tenu d'*additionner à haute voix* tout ce qu'il a compté pour en former le *chiffre total* correspondant à ses point, séquences, quatorze et trois, en tant qu'ils ont été *reconnus bons*.

Du repic.

Nous avons dit qu'il y a des hasards qui comptent avant le point et qui sont : *les cartes-tierces, les cartes trois, les cartes basses, les cartes peintes et les cartes blanches*. Nous les expliquerons plus bas en détail, mais nous supposerons, pour le moment, qu'*aucun des joueurs n'ait obtenu ou accusé lesdits hasards* comme cela arrive le plus souvent. Si, dans cette hypothèse, l'un des joueurs, par ses point, séquences, quatorze et trois *déclarés bons et dûment additionnés,* ou même par ses point et séquences seulement, atteint au chiffre *de* 30 *ou au delà, avant que són adversaire ait compté la moindre chose,* il a alors ce qu'on appelle *un repic,* pour lequel il ajoute aussitôt le nombre 60 à son nombre total (ce qui lui fait dans le moment, *pour le moins,* quatre vingt-dix), avant que l'adversaire ait le droit de compter ce qu'il pourrait avoir en sus. Le repic se compose habituellement du point, d'une quinte (ou d'une séquence supérieure à la quinte) et d'un quatorze ; mais il peut aussi être composé du point et de deux séquences égales ou supérieures à la quinte, et il est tout aussi bon alors, malgré les quatorze et trois que l'adversaire pourrait avoir et qui ne compteraient qu'*après* le repic.

Des cartes ouvertes.

On appelle *cartes ouvertes* ou simplement *ouverte*, le cas où toutes les douze cartes d'un joueur font partie de son point, de ses séquences, quatorze ou trois *déclarés bons et valables*, de sorte qu'il sera nécessairement obligé, pour compter ses avantages, *d'étaler sur le tapis toutes ses cartes, sans exception*.

Le joueur qui a *une ouverte*, ajoute 20 au nombre total formé par l'addition de son point, de ses séquences, quatorze et trois déclarés bons. Dans le cas très-rare, où il y aurait *ouverte* des deux côtés, elles se détruiraient mutuellement après leur exhibition, c'est-à-dire que l'addition du chiffre 20 ne serait permise d'aucun côté. Nous en donnerons, tout à l'heure, un exemple.

Note 6. Les cartes ouvertes sont, par erreur, appelées *cartes blanches* par certains joueurs qui, n'étant

pas familiarisés avec le Piquet dans toute son étendue, ne comptent pas les cartes blanches proprement
dites (*voir plus bas*). —

Il faut observer que *les cartes ouvertes* peuvent être
aussi composées du point et des séquences, sans les
quatorze et trois, ou des séquences seulement. Si, par
exemple, les douze cartes de l'un des joueurs se ré-
duisent à une septième *bonne* dans une couleur et à
une quinte dans une autre, même s'il n'a pas le point,
il comptera 17 pour la septième, 15 pour la quinte et
20 pour l'ouverte. De même l'ouverte peut être for-
mée par les séquences, quatorze et trois sans le point.
Enfin on peut imaginer des ouvertes composées des
trois seulement; si vous avez, par exemple, dans
trois couleurs : l'As, le Roi, le Valet, et le Dix, vous
ne compteriez pas le point, car votre adversaire pourrait avoir une huitième : mais pourvu qu'il n'eût pas
le quatorze de Dames, vos trois As, Rois, Valets et
Dix vous formeraient une somme de 12, à laquelle
vous ajouteriez 20 pour l'ouverte. Nous observerons
toutefois que, dans ce même cas où vous avez l'As, le

Roi, le Valet et le Dix dans trois couleurs, si votre
adversaire y opposait une sixième et deux tierces du
neuf, il se trouverait y avoir *ouverte* des deux côtés,
et le chiffre additionnel 20 ne compterait à aucun.

Il faut bien noter que les 20 pour l'ouverte *ne comptent toujours qu'après les quatorze et trois et le repic,*
même dans le cas précité où l'ouverte est composée
du point et des séquences, sans quatorze et trois, ou
des séquences seulement. Si l'on avait donc (*voir
plus haut*) un repic formé par le point et les séquences, et que ces mêmes avantages vous formassent en
outre une ouverte, les 20 pour cette dernière ne vous
compteraient qu'après les quatorze et trois que l'adversaire pourrait avoir.

Une autre observation essentielle, c'est que les 20
pour l'ouverte ne sauraient, en aucune façon, concourir à la formation du nombre 30 exigé pour le repic, et qui ne peut être composé que par l'addition
du point et des séquences, ou du point, des séquences, des quatorze et trois *déclarés bons,* avant que
l'adversaire ait pu compter quelque chose. Les 20

pour l'ouverte peuvent ainsi souvent porter votre chiffre au delà de 30, sans que vous ayez pour cela de repic.

En résumé l'ouverte, préalablement exhibée et vérifiée, *compte immédiatement après le repic,* s'il a été formé, comme d'ordinaire, par l'addition du point, des séquences, des quatorze et trois. Mais l'ouverte *compte immédiatement après les quatorze et trois,* s'il n'y a eu de repic d'aucun côté, ou si le repic n'a été composé que du point et des séquences, sans quatorze et trois.

Les *cartes ouvertes* une fois vérifiées et *comptées,* leur possesseur ne sera pas obligé de les laisser plus longtemps sur le tapis, il pourra les reprendre et continuer son jeu comme il l'entendra.

Des cartes jouées et levées.

Chacun des joueurs ayant, de la manière ci-dessus expliquée, compté et additionné ce qu'il peut avoir en fait de *point, séquences, quatorze et trois, repic et ouverte,* le jeu, *s'il n'y a pas misère* (ce dont nous parlerons plus bas), se continuera toujours *en comptant* de la façon suivante :

Celui qui a la main commence à jouer en jetant, ouverte sur la table, la carte qu'il lui plaît ; son adversaire est obligé de jeter dessus une carte de même couleur, s'il en a, d'ailleurs supérieure ou inférieure ; ou s'il n'en a aucune de cette couleur (ce qui s'appelle *avoir renoncé* ou *renoncer*), une autre carte quelconque. Dans le dernier cas, ou si la carte jetée est inférieure, le premier joueur la *lève* ou *prend la levée,* c'est-à-dire qu'il assemble les deux cartes et les met de côté près de lui. Si, au contraire, la carte jetée par le second joueur est de même couleur et supérieure, c'est lui qui prendra la levée de la même manière. Celui qui a pris la levée ou *la main,* comme on l'appelle aussi, jette alors une seconde carte ouverte sur le tapis, sur laquelle son adversaire jette de la même façon une carte supérieure ou inférieure de la même couleur, s'il en a, ou, s'il n'en a pas, une autre carte quelconque. Le joueur de la carte supérieure ou dans la couleur de laquelle son adversaire a renoncé, prend derechef la main, etc., jusqu'à ce que les douze cartes de chacun des joueurs se trouvent *levées* d'un côté ou de l'autre.

Chacun des joueurs ajoute au nombre formé par l'addition de ses point, séquences, quatorze, trois, repic et ouverte, *un* pour chaque levée qu'il a prise, et autant pour chaque *As, Roi, Dame, Valet* ou *Dix joué quand il a eu la main*, même si cette carte a été levée par son adversaire. Une levée faite par un As, Roi, Dame, Valet ou Dix, ne compte, cependant, toujours qu'*un*, pas plus que celle faite par un Neuf, un Huit ou un Sept. Un As, Roi, Dame, Valet ou Dix jeté sur une carte de l'adversaire dans un moment où celui-ci avait *la main*, ne vous compte rien du tout, s'il ne vous fait pas en même temps de levée.

Note 7. Plusieurs joueurs de Piquet comptent *un* pour *chaque carte* jouée quand ils ont eu la main, ce qui est un malentendu évident, car le privilége de compter *un* point n'appartient évidemment qu'aux

Figures, aux *As* et aux *Dix joués* (non jetés). —

La dernière ou douzième levée du jeu compte à celui qui l'a prise *trois* points au lieu de *un* (qu'elle ait, d'ailleurs, été faite par une figure ou une carte simple).

Note 8. Cette prime est nécessaire afin de relever l'avantage de la dernière levée, dont l'acquisition exige le plus souvent une grande connaissance du jeu. D'ailleurs, en cas de *cartes* également partagées (*voir plus bas*), la prime de trois pour la dernière levée reste la seule qu'on puisse encore se disputer. —

Pour ne pas oublier son compte et pour offrir à l'adversaire la possibilité de le contrôler à chaque instant, chacun des joueurs est tenu *de répéter à haute voix son nombre* après chaque coup, en y ajoutant toujours *un* pour chaque levée qu'il prend et pour toute Figure, As ou Dix qu'il joue ayant la main, ainsi que *trois* pour la dernière levée.

Pendant toute la durée du jeu, chacun des joueurs a le droit de regarder et de consulter les levées qu'il a faites, et de demander à voir celles de l'adversaire.

De l'avantage des cartes, du petit et du grand capot.

Les douze cartes de chacun des joueurs se trouvant levées, la majorité des levées (c'est-à-dire sept, huit, neuf ou dix) peut se trouver du côté de l'un des joueurs, qui ajoute alors à son nombre 10 *pour les cartes*, comme on dit. Si *les cartes* sont partagées également (six levées de chaque côté), elles ne comptent à personne.

S'il arrivait que vous eussiez pris *onze levées* et votre adversaire *une* seulement, vous compteriez alors *pour les cartes* un nombre *triple*, c'est-à-dire 30 au lieu de 10, ce qu'on appelle *petit capot*.

Si vous parvenez à prendre *toutes les levées*, et votre adversaire *aucune*, vous compterez alors *pour les cartes* un nombre *sextuple :* savoir 60 au lieu de 10, ce qu'on appelle *capot* ou *grand capot*, par opposition au *petit*.

Note.9. On ne compte habituellement au Piquet simple que le grand capot ; mais le grand et le petit capot correspondent absolument au grand et au petit *slaime* du Whist, et il n'y a aucune raison pour ne pas introduire au Piquet cet avantage, qui est d'ailleurs essentiel par son opposition *à la petite et à la grande misère,* dont nous allons parler tout-à-l'heure.

Le grand capot n'est habituellement compté que 40 (auquel cas le petit capot devrait compter 20) ; mais ce nombre ne représente évidemment pas la valeur de ce hasard, plus rare que le repic. Le nombre 40 pourrait encore rester au besoin si l'on convenait, avant de se mettre au jeu, de *n'admettre aucune espèce de misères ;* mais, dans le cas contraire, il devient absolument nécessaire d'élever les primes pour les capots, qui correspondent, d'ailleurs, exactement aux 30 et 60 du pic et repic. Au reste, le petit capot n'est pas assez fréquent pour ne point mériter de prime, et le *triple* des simples *cartes* convient à ce but, pour encourager les joueurs à s'élever, en fait de levées, au-dessus de *dix.*

4.

Du pic.

Supposant toujours que le calcul ait commencé des deux côtés par *le point*, c'est-à-dire supposant *la non-existence d'aucun côté* des cartes blanches, pointes, basses, trois et tierces, si l'un des joueurs, au moyen de ses *point, séquences, quatorze et trois déclarés bons*, et de ses *cartes jouées et levées*, parvient à compter 30 avant que son adversaire ait compté la moindre chose, il ajoute encore 30 à son chiffre, ce qui s'appelle *un pic*, et lui fait aussitôt 60.

Il est évident que pour faire *un pic*, il faut avoir eu *la main ;* car, supposant qu'on ne l'ait pas, votre adversaire pourra toujours, en jouant un As, un Roi, une Dame, un Valet ou un Dix, compter *un* avant que vous soyez parvenu à 30, à moins qu'il ne commît la balourdise de ne jouer, le cas échéant, qu'un Neuf, un Huit ou un Sept.

Comme pour le repic, *l'ouverte* ne peut, *en aucun*

cas, concourir à la formation *du pic*, et celui qui a une ouverte doit *nécessairement*, pour former un pic, parvenir avec ses point, séquences, quatorze, trois, ouverte, cartes jouées et levées, jusqu'à 50, avant que son adversaire compte la moindre chose.

De la réunion du pic, du repic, du petit et du grand capot.

En faisant pic ou repic, et prenant en outre 11 ou 12 levées, on peut cumuler les avantages du pic ou repic, et du petit ou grand capot, et augmenter ainsi considérablement son avantage par l'addition des nombres respectifs. Il va sans dire qu'on peut y joindre encore l'ouverte. La manière de compter n'a ici besoin d'aucun commentaire.

Ce qui est un peu plus compliqué, c'est la réunion, très-rare, à la vérité, du pic et du repic. Si, sans compter son repic et l'ouverte (qui a aussi habituellement lieu dans ce cas), on peut aller avec ses point, séquences, quatorze, trois, cartes jouées et levées, non-seulement jusqu'à 30, mais jusqu'à 60, on cumule alors le pic avec le repic. Supposons qu'ayant la main, vous portiez en *Pique* une quinte majeure *bonne* et dont le point est *bon*, en *Trefle*, une tierce majeure; en *Carreau*, As, Roi, et en *Cœur*, As, Roi également, vous compteriez 5 pour le point, 15 pour la quinte, 3 pour la tierce et 28 pour les deux quatorze : savoir 51, ce qui, sans compter votre ouverte, porterait avec les 9 premières levées, votre nombre jusqu'à 60, de sorte que vous y ajouteriez 60 pour le repic, 20 pour l'ouverte, 30 pour le pic, 12 pour les levées, 2 pour l'avantage de la dernière et 60 pour le grand capot, ce qui vous ferait en somme 235.

Une sixième majeure *bonne*, avec un point *bon*, réunie à quatorze As, et quatorze Rois, donnerait, de la même manière, une somme totale de 234, et deux quintes majeures *bonnes*, avec un point *bon* et quatorze As, donneraient 233.

Un autre cas, également assez rare, qu'il faut remarquer, c'est le *pic* formé avec un nombre qui, au commencement du jeu, ne dépassai pas 17 ou même 16. Il est de règle, au Piquet, que ni l'ouverte, ni les 10, 30 et 60 ajoutés pour les cartes, le petit et le grand capot, ne peuvent concourir à la formation d'un pic ; mais que cette prérogative appartient à tout ce qu'on compte pour *les levées*, par conséquent aussi aux 3 qu'on prend pour la dernière. Je suppose qu'ayant la main, vous portiez As, Roi, Valet, Dix, Neuf et Huit de *Trefle*; As, Roi, Dame, Dix et Huit en *Pique*; As de *Carreau* et rien en *Cœur*; et que votre point et vos séquences soient *bonnes*; vous compteriez alors 6 pour le point, 4 pour la quatrième, 3 pour la tierce, 3 pour les trois As, savoir 16; puis 12 levées et 2 pour l'avantage de la dernière, ce qui vous ferait 30, et 30 pour le pic, à quoi vous ajouteriez 60 pour le capot, en tout 120.

Des misères en général.

On a *une misère* lorsqu'on s'engage vis-à-vis de son adversaire à ne prendre aucune levée, soit avec ses douze cartes , soit avec onze seulement, en mettant la douzième à l'écart. Dans le premier cas c'est *une grande misère,* dans le second *une petite misère.*

La misère peut encore être *ouverte* ou *fermée,* selon qu'on étale sur le tapis ses douze ou onze cartes, ou qu'on les retient fermées dans la main. Ces différentes espèces de misères se classent ainsi qu'il suit : d'abord *la petite misère fermée* ou *proprement dite,* puis *la petite misère ouverte* qui a la prééminence, mais cède le pas, à son tour, à *la grande misère fermée* ou *proprement dite,* qui, elle-même, est inférieure à *la grande misère ouverte.*

La misère, quelle qu'elle soit, ne saurait être déclarée qu'*après* le calcul des point, séquences, quatorze, trois et ouverte; mais, pour qu'elle puisse compter à son possesseur, il faut qu'il l'ait accusée *avant* d'avoir joué sa première carte.

Si votre adversaire a compté *des cartes ouvertes,* vous ne pourrez déclarer, en fait de misères, qu'*une grande misère ouverte,* et vous n'aurez plus le droit d'annoncer *de petite misère ouverte ou fermée,* ni même *une grande misère fermée.*

L'annonce d'*un repic,* avec ou sans cartes ouvertes, prévient et empêche *toute espèce de misère* de l'adversaire, petite ou grande, ouverte ou fermée.

Note 10. Cette restriction est absolument nécessaire, vu que, sans cela, les misères se rencontreraient presque continuellement dans le cas où l'adversaire a un repic, dont elles détruiraient ainsi les avantages fort injustement. De même que le pic annule toute petite misère et est annulé par la grande (*voir plus bas*), de même faut-il que le repic annule toute misère, petite ou grande. Quant à la prérogative des *cartes ouvertes,* d'empêcher toute misère, excepté la grande misère ouverte, elle est également basée sur une stricte justice; car ces cartes se trouvant entièrement étalées aux yeux de l'adversaire et correspondant presque toujours à des jeux élevés, on aurait trop souvent moyen de leur opposer des misères, dont le principal *frein,* pour ainsi dire, consiste dans l'ignorance où l'on est au sujet de deux ou de trois cartes non déclarées de l'adversaire. La grande misère ouverte est ici seule exceptée, parce que c'est un jeu aussi entièrement ouvert aux yeux de l'adversaire, ce qu'on ne saurait dire de la grande misère fermée, et encore moins de la petite misère ouverte ou fermée, qui ne se jouent qu'avec onze cartes. En résumé, le pic ou l'ouverte détruit toute petite misère, et toute grande misère est annulée par le repic; quant aux cartes ouvertes, elles ne détruisent pas, à proprement parler, la grande misère, elles empêchent seulement, par leur nature, de la jouer les cartes fermées en main.

De la petite misère.

Une petite misère quelconque ayant été accusée, il dépend de l'adversaire de la déclarer *bonne* ou de l'annuler par l'annonce *d'un petit capot forcé,* qui signifie l'engagement de faire 11 levées pour le moins. Le joueur de misère peut alors ou laisser jouer *le petit capot forcé,* ou le détruire par la contre-annonce *d'une petite misère ouverte* qui, à son tour, serait détruite par la déclaration *d'un petit capot forcé ouvert,* c'est-à-dire *l'engagement* de prendre 11 levées en jouant les cartes ouvertes sur la table. Enfin, le petit capot forcé ouvert se trouverait annulé par l'annonce *d'une grande misère.*

Nous devons ajouter que celui qui accuse *une petite misère ouverte,* n'est tenu d'ouvrir les 11 cartes qu'après que son adversaire aura déclaré la misère *bonne,* et que si ce dernier la repousse par *un petit capot forcé ouvert,* le joueur de misère (en cas qu'il n'ait pas l'intention de risquer *une grande misère*), reprenant la carte qu'il voulait écarter, jouera ses douze cartes fermées en main, et son adversaire ses douze cartes ouvertes sur table. Une fois ces dernières ouvertes, le joueur de misère devra renoncer à porter ses prétentions plus haut, et annoncer *une grande misère*, ce qu'il était libre de faire avant que le possesseur du petit capot ouvert eût ouvert ses cartes. Le joueur du petit capot forcé ouvert n'aura, de son côté, le droit d'étaler ses cartes sur le tapis qu'après que son adversaire aura déclaré le capot *bon*, et renoncé par là à la faculté de jouer *une grande misère*.

L'annonce *d'un pic* (pour lequel, comme on sait, il faut avoir la main et avoir compté 16 *au moins*), même à défaut d'un petit capot, annule toute petite misère ouverte ou fermée et n'oblige pas à jouer ses cartes ouvertes sur table. Ce pic, annoncé contre une petite misère, s'appelle *un pic forcé*. Mais, à son tour, *tout pic forcé*, même celui de 29 avec la main, est *annulé* par l'annonce *d'une grande misère*.

Une petite misère *ouverte* ou *fermée* ayant été déclarée *bonne*, chacun des joueurs inscrit ce qu'il a en fait de point, séquences, quatorze et trois, et alors commence un jeu *dans lequel on ne compte plus jusqu'à la fin*, et où l'adversaire (sans avoir le droit de rien écarter) doit tâcher de vous faire prendre une levée au moins avec vos onze cartes. S'il n'y réussit pas, vous gagnez et vous ajoutez 50 au nombre total que vous avez inscrit avant. Si, au contraire, vous êtes pris, vous *paierez*, à la fin du jeu, à votre adversaire, *autant de fois 50 qu'il vous aura fait prendre de levées. La petite misère ouverte* ne compte pas plus au Piquet que *la petite misère fermée*, et ne paie pas davantage en cas de déconfiture.

Celui qui a repoussé une petite misère, s'impose, comme nous avons dit, l'obligation de faire ou *un pic* ou *un petit capot* (11 levées). Ce jeu, comme il n'y a plus alors misère, se jouera en comptant comme à l'ordinaire, vous reprendrez la carte que vous avez voulu écarter, et votre adversaire ayant fait son pic ou son petit capot (joué les cartes sur table ou en main, selon qu'il est ouvert ou fermé), comptera les primes connues du pic et du petit capot, *le pic forcé* ne comptant pas plus qu'un pic simple, et *le petit capot forcé ouvert ou fermé,* pas plus qu'un petit capot simple. Si le joueur du pic ou du petit capot forcé fait plus qu'il n'avait promis, par exemple : si, ayant annoncé un pic, il fait un pic réuni à un petit ou un grand capot, ou si ayant annoncé un petit capot, il fait en même temps un pic, ou un grand capot (avec ou sans pic), au lieu d'un petit, — il comptera tout ce qu'il aura fait d'après le taux ordinaire du Piquet, établi dans les chapitres précédents.

Mais si, ayant repoussé une petite misère par un pic ou un petit capot forcé, on ne fait ni l'un ni l'autre, on *paiera* à son adversaire, à la fin du jeu après que tout aura été compté, le double de la valeur d'une petite misère, savoir 100, quel qu'ait été, d'ailleurs, le nombre de points ou levées qui ait manqué au pic ou au petit capot annoncés.

De la grande misère.

Une grande misère ayant été annoncée, ou d'emblée, ou contre l'annonce d'un petit capot, l'adversaire peut la déclarer *bonne* ou la repousser par la contre-annonce *d'un grand capot forcé*, c'est-à-dire par l'engagement de prendre 12 levées (il est sous-entendu qu'il n'a pas eu *d'ouverte*, qui eût empêché *la grande misère fermée*, ou *de repic* qui, lui-même, eût déjà annulé *toute misère*). Si, là-dessus, vous déclarez *une grande misère ouverte* (sans ouvrir cependant vos cartes avant la réponse de l'adversaire), il faut qu'il vous la laisse jouer ou déclare à son tour *un grand capot forcé ouvert*, c'est-à-dire joué les cartes sur table.

Les *cartes ouvertes*, même réunies à *un pic* ou *un petit capot forcé*, ne sauraient empêcher de jouer *la grande misère ouverte* qui, comme nous l'avons dit,

5.

ne peut être détruite que par *un repic* ou *un grand capot ouvert forcé.*

Une grande misère ouverte ou fermée ayant été déclarée *bonne*, chacun inscrit ce qu'il a eu en fait de point, de séquences, de quatorze et de trois, et alors commence un jeu *dans lequel on ne compte plus jusqu'à la fin,* et où votre adversaire tâchera de vous faire prendre une levée au moins. S'il n'y réussit pas, vous gagnez 100 points, que vous ayez joué une misère *ouverte* ou *fermée;* si vous êtes pris, au contraire, votre adversaire ajoutera à son nombre total *autant de fois 100 qu'il vous aura fait prendre de levées,* quelle qu'ait été d'ailleurs votre grande misère, *ouverte* ou *fermée.*

Celui qui a repoussé une grande misère *ouverte* ou *fermée* de l'adversaire, s'impose, comme nous l'avons dit, l'obligation de faire un grand capot *ouvert* ou *fermé,* le jeu se jouant d'ailleurs en comptant comme à l'ordinaire, puisqu'il n'y a plus misère. Il faut observer, en outre, que *ces grands capots forcés, fermés ou ouverts,* ne comptent pas un plus grand nombre de points que le grand capot simple ; rien n'empêchant, au reste, d'y ajouter encore 30 pour *le pic* qu'on pourrait éventuellement faire en sus du grand capot forcé.

Mais si, ayant détruit *une grande misère ouverte ou fermée* par la contre-annonce *du grand capot forcé, fermé ou ouvert,* vous ne réussissez pas à prendre 12 levées, vous *paierez* à votre adversaire, à la fin du jeu, après que tout aura été compté et réglé, le double de la valeur d'une grande misère, c'est-à-dire 200 points, quel qu'ait été, d'ailleurs, le nombre des levées qui vous aient manqué à 12.

Il arrive quelquefois que chacun des joueurs est porteur d'une misère. Dans ce cas-là, entre misères de même ordre, comme petite misère fermée, petite misère ouverte, grande misère fermée et grande misère ouverte, la même dans les deux mains respectivement, celui qui a la main l'emporte, et le donneur *n'a pas même le droit de déclarer* une misère de même ordre ou d'un ordre inférieur à celle du premier joueur. Mais si les misères ne sont pas les mêmes dans chaque main, la petite misère ouverte l'emporte toujours sur la petite misère fermée, la grande misère fermée sur la petite misère ouverte ou fermée, enfin la grande misère ouverte sur la grande fermée ou sur une petite misère quelconque. Il reste, d'ailleurs, naturellement libre à chaque joueur de faire valoir sa misère ou non ; mais l'annonce une fois faite, on n'a plus le droit de revenir sur sa détermination.

Rien n'empêche de cumuler la misère avec un repic ou une ouverte ; mais ces cas sont très-rares. En voici un exemple. Vous n'avez pas la main et vous portez : Roi, Dame, Valet, Dix, Neuf et Sept, tant en *Trèfle* qu'en *Pique*, renonce dans les autres couleurs. Votre adversaire a, au contraire : en *Trèfle*, As et Huit ; en *Pique*, As et Huit ; en *Cœur*, As, Roi, Dame, Huit et Sept, et en *Carreau*, As, Roi et Dame. Vous compterez pour le point, vos deux quintes et le repic 96, et pour la grande misère 100, somme totale 196. Votre adversaire n'aura que 14.

Des hasards qui comptent avant le point.

Les hasards qui s'annoncent et comptent *avant le point*, sont, comme nous l'avons dit : *les cartes blanches, les cartes peintes, les cartes blanches basses* ou simplement *cartes basses*, *les cartes-trois* et *les cartes-tierces*. Elles *détruisent* ainsi d'avance tout *pic* ou *repic* de l'adversaire, mais *ne peuvent*, en revanche, *être cumulées* avec un *pic* ou un *repic*.

Aucun des hasards de cette catégorie ne saurait non plus être cumulé avec un autre comptant également avant le point ; en cas de *co-existence*, *le plus élevé compte seul*.

Des cartes blanches.

On appelle *cartes blanches*, l'absence, dans ses douze cartes, de tout *Roi*, *Dame* ou *Valet*. Elles s'annoncent avant le point et comptent, aussitôt après avoir été exhibées, 60, à moins qu'elles ne soient détruites par les cartes peintes, cartes-trois ou cartes-tierces de l'adversaire.

Il est avantageux de cumuler les cartes blanches avec la petite ou la grande misère, cumul qui vous donnerait, pour la *première*, une somme de 110, et pour la *seconde*, une somme de 160, sans compter les point, séquences, quatorze, trois et l'ouverte que vous pourriez avoir.

Nous avons déjà dit qu'on ne saurait réunir les 60 pour les cartes blanches avec les 60 pour le *repic* ou les 30 pour le *pic;* mais on y ajoute, comme à l'ordinaire, les point, séquences, quatorze, trois, l'ouverte, les levées et les *cartes* qu'on pourrait avoir.

Note 11. Les cas de co-existence des cartes blanches avec le pic ou le repic sont très-rares ; en voici des exemples :

PIC ET CARTES BLANCHES.

As, Dix, Neuf, Huit et *Sept* dans deux couleurs,

dans les deux autres *As* et *As*. En outre, *la main*, et le point ainsi que les séquences *bonnes*.

REPIC ET CARTES BLANCHES.

As, Dix, Neuf, Huit et Sept, dans une couleur, les quatorze As, les quatorze Dix et un Neuf (ou Huit ou Sept) quelconque. Le point est supposé *bon*.

Or, nous avons déjà dit que, dans notre opinion, le cumul des primes de 60 et de 30 avec les 60 des cartes blanches ne doit pas être permis. Voici les considérations qui nécessitent cette règle, et qui ne s'appliquent pas seulement aux cartes blanches, mais en général à tous les hasards qui comptent avant le point :

A. Pour que les primes de 30 ou 60 correspondant au pic ou repic, soient applicables, il faut qu'au moyen de ses point, séquences, quatorze, trois, cartes jouées et levées, on ait formé le nombre trente (avant que l'adversaire compte quelque chose), *en commençant par zéro.* Or, il ne peut être question d'une pareille prime, lorsqu'avant de commencer à compter le point, on se trouve déjà en possession d'un lot de 60 (cartes blanches), de 120 (cartes peintes), do 240 (cartes-trois), ou de 300 (cartes-tierces). Lorsqu'on cumule le pic avec le repic, le calcul du deuxième *trente* ne commence pas non plus, à la vérité, par zéro ; cependant tous les *soixante* sont formés ici uniquement du point, des séquences, quatorze, trois, des cartes jouées et levées, et la prime de 90 trouve une juste application dans ce cas, qui représente le plus grand parti possible qu'on puisse tirer desdits éléments fondamentaux du Piquet.

B. Dans le cas exceptionnel cité plus haut, où il y a co-existence de repic et de cartes blanches, la prime de 60 accordée à ces dernières, équivaudrait exactement à celle du repic si, comme dans le Piquet simple, on ne comptait pas de cartes blanches. On peut donc dire que la prime du repic, qui n'existe, à proprement parler, pour les cartes blanches que dans le cas rare et exceptionnel mentionné plus haut, se trouve étendue, dans le Piquet perfectionné, à tous les cas possibles de cartes blanches, ce qui constitue un encouragement très-suffisant, ce nous semble. La prime constante de 120 pour les cartes peintes (*voir plus bas*) dépasse encore de 30 la prime la plus haute du Piquet simple qui n'est que de 90 (pic et repic réunis). Il nous semblerait donc fort démesuré d'y ajouter encore des primes de 30 et de 60 pour le pic et repic. On doit penser la même chose, à plus forte raison, des 240 et des 300 alloués aux cartes-trois et tierces, comme nous le verrons plus bas.

C. Les hasards qui comptent avant le point, doivent être considérés comme des combinaisons exceptionnelles, des hors-d'œuvre, pour ainsi dire, dignes d'encouragement à cause de leur spécialité méritoire, mais qu'il ne conviendrait nullement, cependant, de favoriser outre mesure, au détriment des combinaisons naturelles et essentielles du Piquet. —

Les cartes blanches ne sauraient empêcher l'adversaire de déclarer, s'il le peut, une petite ou une grande misère. Voici un exemple de ce cas très-rare. Vous portez : en *cœur, Roi, Dame, Valet, Neuf* et

Sept; en *carreau, Roi, Dame, Valet, Dix, Neuf* et
Sept; en *trèfle, renonce,* et en *pique, Sept.* Votre
adversaire a : en *cœur,* As, Dix et Huit; en *carreau,*
As et Huit; en *trèfle,* As, Dix, Neuf, Huit et Sept, et
en *pique,* Neuf et Huit, par conséquent *cartes blanches.* Or vous déclarez une grande misère ouverte,
que vous ayez la main ou non. Vous compterez
donc : 6 pour le point, 15 pour la quinte, 3 pour la
tierce et 100 pour la grande misère, tandis que votre
adversaire aura 60 de cartes blanches et 3 pour les
trois As, de sorte qu'au bout du compte vous gagnerez
61 points.

Des cartes peintes.

On appelle *cartes peintes* l'absence, dans ses douze
cartes, de tous Dix, Neuf, Huit et Sept. Elles annullent les cartes blanches de l'adversaire et comptent,
après avoir été exhibées, 120, auxquels on ajoute les
point, séquences, quatorze, trois, l'ouverte, les

levées et *les cartes* qu'on pourrait avoir, mais non les 30 et 60 pour le pic ou le repic. Le capot petit ou grand se cumule souvent avec les cartes peintes, qui empêchent, en outre, *toute misère* de l'adversaire.

Des cartes basses.

L'absence de tout *As* dans les cartes blanches constitue ce qu'on appelle *les cartes blanches basses* ou simplement *cartes basses*. Après avoir été exhibées, elles comptent 120 comme les cartes peintes, mais avec le privilége de les annuler chez l'adversaire. Elles empêchent non-seulement tout pic ou repic, mais encore *tout capot* de l'adversaire, en ne lui permettant, *en aucun cas,* de compter *plus de 10 pour les cartes.*

Aux 120 pour les cartes basses, on ajoutera, s'il y a lieu, les point, séquences, quatorze, trois, ouverte, les cartes jouées et levées qu'on pourrait avoir.

Il est fort avantageux de cumuler les cartes basses

avec une grande ou petite misère (ce qui ferait 170 ou 220) ; mais ce cas ne se présente presque jamais, vu que l'adversaire, à moins d'avoir très-mal écarté, pourra toujours faire 12 ou 11 levées, et interdire, par conséquent, la grande ou la petite misère.

Des cartes-trois et tierces.

On appelle *cartes-trois* l'absence *des mêmes cinq cartes* dans chaque couleur ou, autrement, la réunion des *trois mêmes cartes* dans chaque couleur, par exemple, *Dame, Dix* et *Sept* en pique, *Dame, Dix* et *Sept* en trefle, *Dame, Dix* et *Sept* en carreau, *Dame, Dix* et *Sept* en cœur. Ce cas est si rare qu'il ne s'est, je crois, jamais présenté dans le jeu pratique ; cependant, il a encore un superlatif, c'est celui où les trois mêmes cartes de chaque couleur forment autant de *tierces,* ce qu'on appelle *cartes–tierces,* par exemple, *Valet, Dix* et *Neuf* dans chaque couleur.

S'il arrivait que l'un des joueurs portât des *cartes*

trois et l'autre des *cartes-tierces,* ces dernières compteraient seules, et les cartes-trois se trouveraient détruites.

Si chacun des joueurs a des *cartes-tierces,* la tierce *supérieure* décidera, auquel des deux les cartes devront compter.

Enfin, si chacun des joueurs portait des *cartes-trois,* ces cartes ne compteraient qu'à celui qui aurait la plus haute carte de son point supérieure à celle du point de l'adversaire, sans égard aux autres cartes composant les points respectifs.

Les *cartes-trois* ou *tierces* annullent toutes cartes basses, peintes et blanches, tout pic, repic, misère (petite ou grande), capot (petit ou grand) de l'adversaire, en ne lui permettant de compter que les point, séquences, quatorze, trois, ouverte, cartes jouées et levées qu'il pourrait avoir, et *jamais plus de* 10 *pour les cartes.*

Les *cartes-trois* déclarées *bonnes* et exhibées comptent 240 points.

6.

Les *cartes-tierces* déclarées *bonnes* et exhibées comptent 60 points de plus, savoir : 300.

A ces 240 ou 300, le possesseur des *cartes-trois* ou *tierces* ajoutera, comme toujours, ses point, séquences, quatorze, trois, ouverte, cartes jouées et levées, capots et misères, petites ou grandes ; mais il faudrait dans ce dernier cas, comme pour les cartes basses, que l'adversaire n'eût pas la possibilité de faire 11 ou 12 levées respectivement.

Chacun des hasards du Piquet comptera, comme nous l'avons dit, *une fois et demie autant* s'il est obtenu d'emblée par celui qui a la main, ou, dans l'arrière-main, si le premier joueur a écarté *moins de cinq cartes*. Mais on doit pour cela jouer *sans écart*, et il faut que le hasard demeure encore *bon* après l'écart de l'autre joueur, ce qui est le plus souvent douteux.

Quelques observations sur les hasards qui comptent avant le point.

Le taux d'estimation que nous avons adopté pour ces hasards a été fixé de manière à ne point trop accorder à ces combinaisons exceptionnelles et à en faire plutôt un moyen vigoureux de défense contre des jeux très-élevés de l'adversaire, moyens principalement à l'usage du joueur qui n'a pas la main. Il peut arriver, par exemple, que vous portiez des cartes blanches, et que cependant votre adversaire trouvât encore moyen de gagner quelques points par ses séquences, quatorze et ouverte. Il nous a semblé juste d'adopter ce principe, comme base du tarif pour ces cas irréguliers qu'il ne conviendrait pas, selon nous, de favoriser démesurément. Si l'on voulait absolument faire beaucoup gagner au porteur des cartes blanches, pointes, basses, trois et tierces, on pourrait adopter le tarif suivant :

Cartes blanches 90

Cartes peintes et basses. . . 180

Cartes-trois et tierces . . . 360

Ainsi que nous l'avons dit, nous n'approuvons pas ce taux de valeurs ; les amateurs choisiront, d'ailleurs, à leur guise, et fixeront leur choix avant de se mettre au jeu. Voici, au reste, un petit calcul mathématique qu'il convient d'avoir en vue pour bien juger cette question de tarif :

Les 12 cartes que chacun des joueurs reçoit au Piquet admettent en général 225 millions 792 mille 840 combinaisons différentes.

Dans ce nombre, il peut y avoir, en tout, 125,970 cas de *cartes blanches,* dont 1,820 cas de *cartes basses* ; 1,820 cas de *cartes peintes,* et 56 cas de *cartes-trois,* dont 6 cas de *cartes-tierces.*

Donc, en défalquant de 125,970, les 1,820 cas de cartes basses et six de cartes blanches renfermant l'As, qui sont en même temps cartes-trois ou tierces, on trouve en dernier résultat : 124,144 cas de *cartes blanches simples* ou *proprement dites.*

En défalquant de 1,820 cas de cartes peintes, 4 qui sont en même temps cartes-trois ou tierces, on trouve 1,816 cas de *cartes peintes* simples ou *proprement dites.*

De même on trouve 1,816 cas de *cartes basses proprement dites,* en déduisant ceux qui sont en même temps cartes-trois ou tierces.

Reste 50 cas de *cartes-trois proprement dites* et 6 cas de cartes-tierces. Les cartes peintes et basses se trouvent donc être à peu près 68 fois plus rares que les cartes blanches, les cartes-trois à peu près 32 fois plus rares que les cartes peintes, et les cartes tierces à peu près 9 fois plus rares que les cartes-trois.

La probabilité d'avoir d'emblée une carte blanche est à peu près d'une $\frac{1}{1819}$, celle d'avoir une carte peinte ou basse est d'une $\frac{1}{123692}$, et celle d'obtenir des cartes-trois est 32 fois moindre encore ; mais il serait assez difficile de calculer de combien ces chances respectives sont augmentées par la facilité de *l'écart,* tant pour le joueur qui a la main, que pour le donneur.

Il est encore évident que ce calcul ne saurait, sans

de graves et essentielles modifications, servir de base au tarif du Piquet pour les hasards que nous considérons ; car on conçoit parfaitement que les cartes peintes, quoique 68 fois moins fréquentes que les cartes blanches (1), ne pourraient, sans une grande injustice, être évaluées 68 fois autant.

Voici, pour terminer ces observations, l'analyse d'une couple des plus gros hasards que l'on puisse avoir au Piquet perfectionné:

La réunion des quatre tierces majeures compterait, pour *les cartes-tierces*, 300, pour les trois quatorze 42, pour l'ouverte 20, pour les 12 levées et le capot 74, total 436, dont il faudrait déduire le point, les séquences et l'ouverte de l'adversaire qui, en aucun cas, ne pourraient se monter au delà de 47 (savoir une quinte, une quatrième, une tierce et l'ouverte), de

---

(1) La chance pour les cartes peintes est augmentée par la circonstance qu'il est moins *risquant* d'écarter pour les obtenir, que de chercher par l'écart des cartes blanches simples et, à plus forte raison, des cartes basses.

sorte que, sans même avoir la main, vous ne pourrez, dans aucun cas, gagner moins de 388 points.

Si l'on supposait que ces mêmes quatre tierces majeures fussent reçues d'emblée et dans la première main, et, qu'en même temps, votre adversaire, pour avoir cherché et trouvé d'autres cartes-tierces ou trois, ne comptât rien du tout, vous ajouterez à 436 encore 45 pour le point et les quatre tierces, et $225\frac{1}{2}$ pour avoir joué sans écart, ce qui vous ferait en tout 676 points et $\frac{1}{2}$, gain le plus élevé qu'on puisse obtenir d'après notre tarif.

Les cartes peintes les plus élevées qu'on puisse avoir sont :

Dans la *première* couleur, une quatrième majeure.

Dans la *deuxième*, une tierce majeure.

Dans la *troisième*, une tierce majeure.

Dans la *quatrième*, As et Roi.

Supposant donc que vous ayez la main, que votre point et votre quatrième soient *bons*, et que l'adversaire n'eût pas les cartes basses, vous compteriez :

Pour les cartes peintes. 120

Pour le point. 4

Pour les séquences. 10

Pour les deux quatorze. 28

Pour les trois Dames. 3

Pour l'ouverte. 20

Pour les levées et le capot. 74

Total. 259

Obtenu *sans écart*, ce jeu vous ferait gagner 388 ½ points.

Les cartes peintes composées de deux quatrièmes majeures dont le point est bon, de quatorze As et de quatorze Rois, ne compteraient en tout que 254, et, jouées *sans écart*, 381.

De l'ordre du calcul ou piquet.

Cet ordre est établi au Piquet avec une sévérité inflexible dont il n'est jamais permis de se départir.

Il est donc essentiel pour un joueur de Piquet d'être complétement familiarisé avec cet ordre, qui se trouve figuré par les séries suivantes, dont les explications détaillées ont été données plus haut.

Ire *Série.*

1. Les cartes-tierces.

2. Les cartes-trois.

3. Les cartes basses.

4. Les cartes peintes.

5. Les cartes blanches.

6. Le point.

7. Les séquences, en descendant des supérieures aux inférieures.

8. Les quatorze et trois.

9. Le repic, qui compte du moment où il se trouve atteint.

10. Les cartes ouvertes.

A partir de cet instant, le calcul procède suivant deux ordres différents, selon qu'il y a un *jeu de misère* ou non. Nous avons déjà expliqué les relations

7

mutuelles des misères, des capots et du pic. Voici, en résumé, l'échelle de valeurs de ces hasards, chaque degré de cette échelle détruisant tous ceux qui précèdent :

La petite misère, le petit capot forcé, la petite misère ouverte, le petit capot ouvert forcé, le pic forcé (annulant toute espèce de petite misère), la grande misère, le grand capot forcé, la grande misère ouverte, le grand capot ouvert forcé.

Aucune misère ne peut être déclarée, s'il y a eu de l'autre côté annonce d'un repic, de cartes peintes, trois ou tierces. Les *cartes ouvertes* empêchent seulement d'annoncer une petite misère ouverte ou fermée, ou une grande misère *fermée*, mais ne détruisent pas la grande misère *ouverte*. Supposant qu'il n'y ait pas eu de misères annoncées ou qu'elles aient été détruites, la suite du calcul sera figurée par la

IIᵉ *Série A*.

11. Cartes jouées et levées, avec les 3 pour la dernière levée.

12. Les 30 pour le pic, du moment où il se trouve atteint.

13. Les 10 pour les *cartes*, ou les 30 pour le petit capot, ou bien les 60 pour le grand capot.

14. Les 100 qu'on paie pour un petit capot ou un pic forcés et perdus, ou bien les 200 qu'on paie pour un grand capot forcé et perdu.

15. La moitié de son nombre total que le premier joueur ou le second joueur (en cas d'écart de *moins de cinq* cartes par son adversaire) ajoute pour avoir joué sans écart, ou la moitié de son nombre total que le donneur ajoute pour avoir cédé le tout ou une partie de son écart au premier joueur.

S'il y a misère d'un côté ou de l'autre, on commence par régler tous les comptes de la 1re série, la 2e série *A* n'a plus lieu, et l'on joue *sans compter* jusqu'à la fin du jeu. Le jeu fini, la 1re série est continuée ainsi :

IIe *Série B.*

11. Les 50 pour la petite ou les 100 pour la grande

misère. Ou autant de fois 50 qu'on a pris de levées avec une petite misère, ou bien autant de fois 100 qu'on a fait de levées avec une grande misère.

12. Même chose que l'article 15 de la 2ᵉ série A.

Des parties de piquet.

Lorsqu'on joue à *deux* au Piquet, on peut ou convenir du nombre de jeux que l'on se propose de faire, ce qui est la meilleure manière et la plus usitée, ou bien on peut se proposer d'atteindre un certain nombre de points, cent, deux cents, trois cents, etc.

Dans la première manière, le nombre des jeux fixé d'avance doit être toujours *pair,* deux jeux formant *un tour.* On peut jouer ainsi un, deux, trois, etc., tours. A la fin de chaque jeu, le joueur qui a gagné le plus grand nombre de points, marque la différence entre ce nombre et celui de son adversaire; cette différence forme le nombre des points qu'il a gagnés. Il peut donc arriver que le résultat d'un jeu soit *nul.* La donne, après avoir été décidée par le sort dans le premier jeu, alterne toujours dans les jeux suivants, de sorte que, dans chaque *tour*, chacun des joueurs se trouve avoir donné une fois avec le jeu de cartes placé à sa droite, vu qu'il est d'usage général au Piquet de se servir de deux jeux de cartes pour chaque partie, dont l'un se trouve toujours placé à la droite du premier jour, l'autre à la droite du second joueur. Pendant que l'un donne, l'autre joueur est tenu d'assembler et de mêler le jeu de cartes qui vient de servir.

Après avoir achevé le nombre des *tours* qu'on est convenu de jouer, chacun des joueurs additionne le nombre des points qu'il a marqués, et la différence entre les deux sommes donnera le nombre définitif de points gagnés par l'un des joueurs sur l'autre. Pour simplifier le calcul des points à marquer et à payer, on peut faire usage de fiches de différentes grandeurs, désignant 1, 5 et 10 points.

On joue quelquefois avec *refaits*, c'est-à-dire que chaque fois que la différence des points gagnés dans un jeu ne surpasse pas *dix* (ou un autre *minimum*

7.

convenu), le joueur gagnant marque, au lieu de cette différence, un trait, une croix ou un autre signe quelconque qu'on appelle *refait*, pour indiquer que le prochain nombre de points gagné d'un côté ou de l'autre comptera *double* à celui qui l'aurá pris, quelque élevé que soit ce nombre, pourvu qu'il surpasse *dix*. Chaque fois qu'on prend un tel nombre doublé, on efface le *refait* correspondant. Le nombre des *refaits* peut ainsi se multiplier considérablement pendant plusieurs jeux. Cette manière de compter avec *refaits* ne nous semble pas très-recommandable, vu qu'elle laisse trop d'empire au hasard, et que les pertes peuvent devenir trop considérables. Aussi les *refaits* ne sont-ils qu'une ressource inventée pour relever un peu la trop grande simplicité de l'ancien Piquet et augmenter ses bénéfices, ressource superflue dans le Piquet perfectionné, qui, par lui-même, offre déjà beaucoup plus de chances de gagner et de perdre considérablement.

Dans l'autre manière de jouer indiquée plus haut, celle où l'on marque d'avance le nombre des points, par exemple, 100, 200, 300, etc., que l'on veut atteindre, la donne, d'abord tirée au sort, alterne également après chaque jeu, et il faut y observer très-scrupuleusement l'ordre de calcul au Piquet détaillé dans l'article précédent; car la partie ne finit pas ici nécessairement à la fin d'un jeu quelconque, mais à l'instant précis où l'un des joueurs, d'après les règles du Piquet, atteint le nombre de points fixé; les cartes sont alors jetées sur la table, et le gagnant, sans continuer le jeu commencé, s'empare de l'enjeu convenu.

Cette manière de compter, plus piquante sous certains rapports, ne peut être employée que pour varier quelquefois l'uniformité de la partie régulière; car il est clair qu'elle arrête souvent le développement de toutes les ressources et beautés intrinsèques du Piquet, à moins qu'on ne fixe, comme limite de l'enjeu, un nombre de points élevé, par exemple, 600 ou au moins 300, tandis que dans l'ancien Piquet on se bornait habituellement à 100 points, ce qu'on appelait *faire un cent de Piquet.*

Lorsqu'on veut jouer à trois ou quatre personnes au Piquet, on convient également d'un certain nombre de *tours*, et l'on alterne ensuite deux à deux, comme nous l'avons déjà expliqué (*voir plus haut*), chacun des joueurs réglant, après chaque jeu, son compte avec son adversaire, de sorte que la liquidation définitive ne présente pas non plus de difficulté.

Quelques indications pour bien jouer au piquet.

L'art de bien jouer au Piquet ne s'acquiert que par l'expérience ; tout ce que peut donner la théorie se réduit à quelques indications, propres à guider le joueur dans la masse de combinaisons que présente le Piquet perfectionné.

La difficulté principale, c'est de bien écarter ; sous ce rapport, le donneur et celui qui a la main doivent suivre des principes différents à certains égards, On peut poser comme règle générale, que chaque joueur doit songer avant tout à augmenter son *point,* en cherchant en même temps à y acquérir une bonne séquence. Des tierces et des quatrièmes ne suffisant presque jamais pour former un pic ou un repic, et ne vous assurant d'ailleurs pas le *point,* ce sont les *quinte, seizième,* etc., qui doivent être le but principal de vos efforts, et il n'est presque jamais à conseiller d'écarter une ou deux cartes de votre point pour chercher des *quatorze* ou *trois.* Il ne faut donc pas, lorsqu'on a la main, hésiter à écarter des cartes quoique élevées, mais appartenant à des couleurs faibles, et il faut ordinairement écarter de manière à chercher la réunion du *point,* d'une *quinte* et d'un *quatorze.*

Quoique ce principe existe aussi pour le donneur, il ne doit jamais oublier, surtout lorsqu'il a un jeu faible, qu'il est essentiel pour lui de garder ses Rois par *une,* et ses Dames par *deux* cartes inférieures, dans les couleurs puissantes de l'adversaire. Comme en manquant à cette règle, il court risque de s'exposer à un petit ou à un grand capot, ou pour le moins à la perte des *cartes,* le but en question devient souvent plus important pour lui que l'acquisition d'une quinte ou d'un quatorze.

Avant d'écarter, il faut non-seulement réfléchir à augmenter ce que l'on a déjà, mais à prévenir autant que possible ce que l'adversaire pourrait acquérir, ce dont on juge par les cartes qui vous manquent. Si l'on n'a, par exemple, qu'une ou deux cartes dans une couleur, il y a beaucoup de probabilité que cette couleur est forte chez l'autre joueur. Cette sollicitude qu'il faut apporter à empêcher les forts jeux de l'adversaire, fait qu'il est assez rarement à conseiller pour le premier joueur d'écarter *moins de cinq* cartes, vu que les cartes qu'il laisse, si même elles ne sont pas très-importantes pour lui, peuvent être précisément celles dont le donneur a besoin pour compléter quelque séquence, quatorze ou misère, sans même dire mot de la circonstance que l'écart de moins de cinq cartes laisse au second joueur la ressource avantageuse de jouer sans écart.

Il est très-agréable de n'avoir dans une couleur avant l'écart que le *Valet*, puisque l'adversaire ne saurait alors, en aucun cas, acquérir dans cette couleur qu'une tierce majeure et une quatrième basse. De même, si vous n'avez dans une couleur que le *Dix*, l'adversaire n'y saurait parvenir *au plus* qu'à une quatrième majeure et à une tierce basse. Dans les deux cas, vous êtes préservé de *la quinte*. Quatorze Valets avant l'écart sont donc une très-bonne chose.

En fait de quatorze, le moins avantageux à chercher est le quatrième Dix, surtout lorsqu'on manque complétement ou de Valets, ou de Dames, ou de Rois, ou d'As; car on est obligé alors de jeter des cartes élevées pour s'évertuer à chercher un quatorze qui, le plus souvent, se trouve ensuite annulé par un quatorze supérieur de l'adversaire.

On n'écarte pas du tout lorsqu'on a peu ou point de chances d'acquérir un jeu meilleur que celui qu'on a en main, et, qu'en outre, la disposition de vos cartes est telle que l'adversaire pourrait difficilement parvenir à quelque chose de très-formidable. Lorsqu'on a, au contraire, des cartes très-faibles avec une mauvaise distribution, par exemple, trois de chaque couleur, on peut demander à l'adversaire d'écarter plus de cinq cartes (*voir plus haut les règles de l'écart*), proposition qui, étant acceptée par lui ('s'il est lui-même embarrassé pour en écarter *trois*), peut parfois le priver d'un jeu extrêmement avantageux.

On n'écartera pour chercher des *cartes blanches* que, lorsqu'ayant une ou deux figures seulement, on a en même temps une forte présomption que l'adversaire vous menace d'un foudroyant repic. Mais comme, dans un pareil cas, cette présomption est beaucoup plus facile à former lorsqu'on est *sous main* (par exemple : si, ne possédant presque pas de figures, et ayant en outre toutes les couleurs faibles, on a vu l'adversaire écarter une, deux ou trois cartes seulement), il n'est pas à conseiller de chercher des cartes blanches lorsqu'on a la main, à moins qu'ayant, par exemple, les quatre As, on ne possédât, en fait de figures, qu'un seul Valet, ou Dame, ou Roi.

La recherche *des cartes peintes* n'offre pas le désavantage de devoir écarter des cartes élevées ; mais il ne faut pas oublier la très-faible probabilité de ce cas $\left(\frac{1}{123692}\right)$, et le grand inconvénient de dégarnir son *point*.

Chercher des *cartes basses* n'est bon que dans le cas très-rare où la disposition des cartes vous y invitant, vous avez vu en même temps l'adversaire n'écarter qu'une ou deux cartes, pour chercher assez ostensiblement des cartes peintes ou un jeu semblable très-élevé.

Lorsqu'on a déjà un jeu de misère dans trois couleurs ou à peu près, on peut écarter les cartes qui empêchent la misère, pour tâcher de le compléter, surtout lorsqu'une des couleurs de la misère est longue, et que, d'ailleurs, il y a mauvaise disposition pour les quatorze et trois. Il vaut mieux, du reste, chercher des misères lorsqu'on n'a pas la main, puisque l'on peut alors plus facilement pénétrer la nature du jeu de son adversaire par la grandeur de son écart, et qu'en outre l'écart de trois offre beaucoup moins de chances pour un pic ou repic. Il ne faut pas oublier ensuite, qu'ayant la main, on ne peut jouer la misère que lorsqu'on a les deux ou même les trois plus basses cartes d'une couleur, ou la plus basse tout à fait isolée, ce qui n'est pas nécessaire dans l'arrière-main. Par exemple : le Roi, le Valet, le Neuf et le Sept d'une couleur, forment *sous main* une misère ouverte, tandis qu'ayant la main et n'ayant pas une meilleure couleur pour commencer, on peut être pris non-seulement avec le Roi, le Valet, le Neuf et le Sept, mais même avec le Roi, le Valet, le Huit et le Sept. Cette espèce de considération est essentielle, et il faut bien s'en pénétrer avant d'oser jouer des misères (1).

---

(1) Au profit des commençants, nous indiquerons ici plusieurs suites de cartes qui forment misère ouverte dans une couleur, lorsqu'on *n'a pas la main* :

As, Roi, Dix, Neuf, (ou Huit) et Sept.

As, Roi, Neuf, Huit et Sept.

As, Dame, Dix (ou Neuf), Huit et Sept.

Roi, Dame, Dix, Neuf (ou Huit) et Sept.

Roi, Valet, Neuf (ou Huit) et Sept.

Lorsqu'ayant la main et jouant misère, en ne peut être pris que sur une seule carte, il faut la jouer *d'abord*, pour ne prendre au moins qu'une *seule levée* et éviter ainsi un désastre plus terrible. Un cas semblable a lieu lorsque, prévoyant déjà sa perte, on prend le Sept ou le Huit fatal de l'adversaire avec une carte élevée, pour s'épargner au moins l'amende de plusieurs fois 50 ou de plusieurs fois 100. Par exemple : vous jouez misère, et votre adversaire, après s'être débarrassé de toutes ses cartes dans deux couleurs et n'avoir gardé qu'une longue suite de cartes dans celle où vous avez renoncé, vous joue le Huit de la couleur où vous avez Valet, Dix et Sept, et lui le Neuf et le Huit. Si vous rendez le Sept, il vous jouera le Neuf que vous devrez lever et prendre ensuite tout le reste des levées. Mais en prenant son Huit avec votre Valet ou votre Dix, vous lui rendez la main en

---

Dame, Valet (ou Dix), Huit et Sept.
Dame, Dix, Neuf et Sept.
Valet, Neuf (ou Huit) et Sept.

jouant le Sept, ce qui l'obligera, lui, de prendre tout le reste des levées qu'il vous destinait, de sorte que vous ne payerez qu'une simple amende de 50 ou de 100, au lieu de plusieurs fois 50 ou 100.

La manière de jouer *contre* celui qui a une misère est assez connue : on commence par se défaire de ses cartes élevées dans les couleurs longues de celui qui joue misère, et on lui joue ensuite la carte ou les cartes sur lesquelles il peut être pris, afin de lui faire prendre, si cela est possible, tout le reste des levées. Il faut bien se garder de jouer la couleur dans laquelle il peut avoir une renonce, vu qu'il s'empresserait alors de jeter sa carte compromettante.

Lorsqu'ayant la main et une misère même ouverte, on a lieu de soupçonner que le donneur a également cherché une misère, on a beaucoup à craindre en annonçant la sienne, puisque l'adversaire se sera probablement créé des renonces dans les couleurs où votre misère semble assurée, de sorte que vous pourrez risquer de prendre 12 ou 11 levées. En général, il faut, au Piquet, avant d'annoncer une misère, bien récapituler dans sa mémoire tout ce que l'adversaire a déclaré en fait de point, de séquences, de quatorze et de trois, ce qui vous permettra souvent d'annoncer des misères contraires aux règles abstraites et générales, et de risquer modérément.

Le jeu du petit capot contre la petite misère, et du grand capot contre la grande misère est plus difficile, et exige une récapitulation encore plus attentive de tout ce que l'adversaire a déclaré. Il ne faut jamais risquer ces capots forcés avant d'être bien sûr de son fait.

Ces considérations nous conduisent naturellement au principe observé par tous les bons joueurs de Piquet, et qui consiste à cacher quelques légers avantages, comme un trois, une petite séquence, pour s'en ménager de plus grands et contre-carrer quelque gros jeu de l'adversaire, en l'induisant en erreur sur la véritable nature du vôtre. En s'abstenant, par exemple, de déclarer une troisième Dame, vous faites craindre à l'adversaire la présence d'un Sept, et vous l'empêchez de jouer une misère qu'il aurait hardiment an-

8.

noncée et gagnée sans cet artifice. De même, en ne déclarant qu'un troisième Valet ou Dix, vous faites croire à l'adversaire que vous n'avez pas le quatrième, et vous forcez un capot qui, sans cela, eût pu être facilement empêché. On peut ainsi quelquefois, pour empêcher des misères ou forcer des capots, avoir du profit même à annoncer un point moindre que celui qu'on a réellement. Les cartes ouvertes sans repic n'empêchant pas la grande misère ouverte, on pourra, afin de prévenir cette dernière, être parfois dans le cas de cacher quelque séquence ou trois complétant l'ouverte, et de se priver ainsi volontairement d'un avantage de 20 points, dans le but d'éviter, s'il est possible, une perte de 100.

Lorsqu'on a compté près de 30 avant que l'adversaire ait compté quelque chose, l'essentiel est d'atteindre, coûte que coûte, par les levées, le nombre 30 pour faire un pic. Mais lorsque cette considération n'existe pas, le principal avantage qu'on puisse atteindre est celui de prendre *les cartes,* ou au moins d'empêcher l'adversaire de s'en emparer. Il faut alors

bien se garder de jouer de suite les plus hautes cartes
d'une couleur qui ne triomphe pas par elle-même,
par exemple : dans laquelle on a l'As et la Dame
quatrième, l'adversaire ayant le Roi et le Valet quatrième ou troisième ; mais il faut tâcher de rendre la
main à l'adversaire pour qu'il vous joue cette couleur, et pour faire ainsi tomber son Roi et son Valet.
Il convient de jouer en premier lieu les couleurs qui
donnent les levées sûres ou presque sûres, par exemple : As, Roi, Dame cinquième ou quatrième, et puis
celles dans lesquelles on se prépare des levées sûres
en sacrifiant les plus hautes cartes, par exemple : Roi,
Dame, Valet cinquièmes ou quatrièmes ; Dame, Valet,
Dix cinquièmes, etc. Indépendamment *des cartes* ou
au moins du partage des cartes, il faut tâcher de s'assurer de *la dernière levée,* ce qu'on ne peut qu'en
retenant bien toutes les cartes qui ont déjà donné des
deux côtés, et ce qui est peut-être la pierre de touche
d'un bon joueur ; car la science et les chances de
l'écart étant supposées égales des deux côtés, on ne
gagne au Piquet qu'en prenant *les cartes et la der-*

nière levée plus souvent que son adversaire, et en faisant plus de levées que lui.

Règlement du Piquet.

Les chapitres précédents renferment les règles et la théorie du Piquet, considérés dans une entière généralité, et nous n'y avons point eu égard à ce qu'il convient de faire en cas de violation, par les joueurs, des lois de la pratique extérieure du jeu. Il nous reste à donner quelques règles pour cette dernière, que nous comprenons sous le titre : *règlement du Piquet,* sans prétendre, en aucune façon, épuiser cette matière; car il pourra toujours, sous ce rapport, se rencontrer des cas litigieux, qu'aucun règlement ne saurait prévoir, et pour lesquels les joueurs devront s'en rapporter aux décisions de la galerie.

I.

Si le donneur néglige de faire couper les cartes à
son adversaire avant de donner, ou bien s'il les donne
une à une, ou quatre à quatre, ou six à six, au lieu
de les distribuer deux à deux ou trois à trois, comme
l'exigent les lois du Piquet, il sera obligé de redonner, si le premier joueur le lui fait observer avant le
commencement de l'écart. Mais une fois que le premier joueur a pris les cartes du talon qui lui reviennent (ou s'il a déjà *déclaré* vouloir jouer sans écart),
le jeu devra continuer comme il est. Quant au donneur lui-même, il ne peut, en cas des susdites aberra-
tions, *exiger* la redonne *qu'avant d'avoir touché* aux
cartes qu'il s'est données, et une fois qu'il les a prises
en main, il dépend du premier joueur, si même le
donneur déclarait sa faute, de laisser le jeu comme il
est, ou de faire redonner,

II.

Si le donneur se distribuait à lui-même ou à son adversaire plus de cartes qu'il n'en faut; à quelque époque du jeu que la faute fût remarquée, le jeu devrait être annulé et il faudrait redonner, à moins, cependant, que, sans que les joueurs le remarquassent, la faute se corrigeât par l'écart; c'est-à-dire que les joueurs eussent chacun, après l'écart, 12 cartes, sans qu'aucun côté eût signalé l'irrégularité commise. En ce cas, le jeu devrait continuer.

III.

Le donneur est tenu de séparer les cinq premières cartes du talon des trois dernières, soit en les superposant en forme de croix, soit autrement. Avant de toucher à aucune des cartes du talon qui lui reviennent, chacun des joueurs doit compter le nombre correspondant des cartes qu'il a mises de côté, pour s'assurer qu'il n'y a pas d'erreur. Mais chaque fois qu'un joueur écarte *moins* de cartes qu'il ne lui en revient (c'est-à-dire le premier joueur moins de cinq, et le second moins de trois), il ne doit pas seulement se borner à compter les cartes mises de côté, mais il est tenu d'en déclarer à haute voix *le nombre* avant l'écart. En cas de violation de cette règle, l'adversaire pourrait vous obliger de prendre toute la portion du talon qui vous revient régulièrement, et d'écarter un nombre égal de cartes, savoir : cinq, si vous avez la main, et trois, si vous avez été donneur.

Une fois le talon touché, on ne peut prendre ni plus, ni moins de cartes qu'on n'a mises de côté.

IV.

Si par erreur on prenait *plus* de cartes qu'on n'a écartées, il faudrait redonner ; l'adversaire aurait cependant le droit, s'il le jugeait convenable, de vous faire remettre au talon vos cartes surnuméraires et de continuer le jeu, à moins qu'ayant été donneur, il n'eût lui-même remarqué votre faute qu'après avoir touché au talon ; ce qui nécessiterait absolument la redonne.

Si le premier joueur prend *moins* de cartes qu'il n'en a mises de côté, il pourra corriger sa faute *avant l'écart* du donneur ; de même le donneur, s'il remarque sa faute avant d'avoir mêlé à son écart les cartes qu'il laisse au talon. Dans les cas contraires il faudra redonner.

V.

Si le donneur, en distribuant les cartes, retournait par erreur une des cinq premières cartes du talon ou une des douze qui reviennent au premier joueur, celui-ci aurait le droit d'exiger la redonne. Mais si la carte retournée se trouve faire partie des trois dernières du talon ou des douze qui reviennent au donneur, ni celui-ci, ni son adversaire, n'auraient le droit d'*exiger* la redonne, qui ne pourrait dépendre que du consentement mutuel des deux joueurs.

VI.

Si le premier joueur, en regardant les cartes du talon qu'il laisse, ou en prenant celles qui lui reviennent, regardait, par erreur, une des trois dernières du talon (ou une de celles que le donneur s'est réservées pour lui-même en cas d'écart de plus de cinq cartes), le donneur aurait le droit d'exiger la redonne.

VII.

Aucun avantage du Piquet, même *déclaré bon*, ne compte avant d'avoir été *exhibé* (1), et *compte tou-*

---

(1) La petite ou la grande misère non ouverte, le pic et le petit ou le grand capot non ouvert, n'exigent d'exhibition que dans ce sens qu'il faut justifier de ses avantages par le jeu. Quoique entre joueurs qui se connaissent et se respectent, l'exhibition des quatorze et même des trois déclarés bons n'ait pas lieu ordinairement, le droit d'exhiber n'en existe pas moins, et peut être à chaque instant remis en vigueur.

9

jours, en revanche, une fois qu'il a été *déclaré bon et exhibé,* même si l'adversaire remarquait plus tard qu'il possède un avantage supérieur et annulant. Cependant, chaque fois qu'on a un avantage qui ne saurait être détruit par ceux déclarés bons et exhibés de l'adversaire, on peut encore le déclarer, l'exhiber et le compter avant d'avoir joué sa première carte, même après que l'adversaire a joué la sienne ayant la main. Les deux premières cartes jouées de chaque côté, les avantages non déclarés et qui ne dépendent pas des levées ne comptent plus.

VIII.

On ne peut revenir sur l'omission du compte d'un avantage effectivement acquis, par exemple, sur l'omission du compte d'un pic, d'un repic, d'un capot, etc., effectivement eus, *qu'avant d'avoir commencé le jeu suivant.* La faute devient *plus tard irréparable,* à moins que votre adversaire ne consente à vous la laisser corriger.

IX.

Celui qui omet de jeter une couleur qu'il avait au moment où son adversaire la joue ayant la main, perd tout ce qu'il avait compté jusque-là, dès que l'adversaire remarque la faute. Les coups, en outre, devront être rejoués. Cette règle sévère ne s'applique d'ailleurs qu'au cas où, par la dite erreur, volontaire ou non, l'adversaire se trouve frustré de quelque avantage, ne fût-ce que d'une levée ; encore celui-ci, s'il remarque que le délit n'était pas volontaire, agira-t-il plus équitablement en faisant simplement rejouer les coups, sans exiger la cruelle amende.

X.

Si un joueur se trompe dans le compte de ses point, séquences, quatorze, trois, repic, etc., ou si, pendant qu'on joue et lève les cartes, il passe brusquement d'un nombre à un nombre plus grand de deux ou de trois unités, par exemple, de 20 à 22, ou bien si, par erreur, il compte un neuf, un huit ou un sept joué pour *un*, c'est à son adversaire à le rappeler à l'ordre sur-le-champ, vu que le contrôle du compte à la fin du jeu, quoique toujours permis, devient quelquefois assez embrouillé, et peut conduire à des discussions fâcheuses.

FIN.

TABLE

IMPRIMERIE DE W. REMQUET ET Cie,

Successeurs de Paul Renouard,

rue Garancière, n. 5, derrière Saint-Sulpice.